AF267861

CORRESPONDANCE

DE L'ADJUDANT-GÉNÉRAL

PETIT-PRESSIGNY

COMMANDANT LES FORCES RÉPUBLICAINES
CHARGÉES DE RÉPRIMER L'INSURRECTION DE L'AN VII
DANS LE GERS

PAR RENÉ PAGEL

ARCHIVISTE DU DÉPARTEMENT DU GERS

AUCH
IMPRIMERIE LÉONCE COCHARAUX
RUE DE LORRAINE

—

1901

CORRESPONDANCE

DE L'ADJUDANT-GÉNÉRAL

PETIT-PRESSIGNY

COMMANDANT LES FORCES RÉPUBLICAINES

CHARGÉES DE RÉPRIMER L'INSURRECTION DE L'AN VII

DANS LE GERS

PAR RENÉ PAGEL

ARCHIVISTE DU DÉPARTEMENT DU GERS

AUCH

IMPRIMERIE LÉONCE COCHARAUX

RUE DE LORRAINE

——

1901

CORRESPONDANCE DE L'ADJUDANT-GÉNÉRAL

PETIT-PRESSIGNY

COMMANDANT LES FORCES RÉPUBLICAINES

CHARGÉES DE RÉPRIMER L'INSURRECTION DE L'AN VII

DANS LE GERS.

Une insurrection violente éclata en thermidor an VII (août 1799) dans les départements de la Haute-Garonne, de l'Ariège, de l'Aude, du Tarn et du Gers.

Depuis quelque temps, divers symptômes la faisaient prévoir. Il n'était question que d'incendies, d'attaques de diligences, de destruction d'arbres de la liberté, d'assassinats de fonctionnaires, etc. Joignez à cela une situation fort compromise à l'extérieur; à l'intérieur, le Directoire exécutif livré à des dissensions intestines; la révolte, mûre, éclata sur ces entrefaites.

Elle fut particulièrement intense dans la Haute-Garonne; le Gers n'en subit que le contre-coup.

Nous ne voulons pas ici étudier l'histoire de l'insurrection dans ce dernier département; nous n'en raconterons même pas un épisode. Nous nous contenterons de publier une partie de la correspondance de l'adjudant-général Petit-Pressigny (1) qui, à la tête des forces républicaines, réprima la rébellion dans les cantons de Gimont, Mauvezin, Monfort, Lombez, Cologne et Saint-Clar.

La répression fut faite au moyen de colonnes mobiles, et Petit-Pressigny envoyait à diverses autorités le résultat de ses opérations du lieu où il était cantonné :

A Montfort, le 1er thermidor l'an 7me de la République.

L'adjudant-général Petit, commandant en chef les troupes républicaines, à l'Administration centrale du département du Gers.

Vive la République ! Nous sommes à Montfort sans coup férir. Lorsque les trois colonnes dirigées sur Montfort se sont présentées devant la place, les habitants ont demandé à se rendre, et cette grâce leur a été accordée pour ménager le sang français. Puisse cette leçon les corriger et nous amener la paix de l'intérieur ! Je vais faire faire une fouille pour

(1) Une histoire de l'insurrection de l'an VII a déjà été publiée, mais elle ne contient que peu de renseignements sur les événements qui se déroulèrent dans le Gers. Voir *Histoire de l'Insurrection royaliste de l'an VII*, par B. LAVIGNE, ancien sous-préfet. — Paris, E. Dentu, 1877, in-8°, IX-450 pp.

découvrir leurs armes cachées, car il n'y avait pas vingt fusils et quelques piques.

Je sçais que la colonne de Gimont a pris Mauvoisin, mais cette nouvelle n'est pas officielle. Vous sçavez que les insurgés ont pris hier Baumont, et qu'ils s'y sont portés en force ; ils y ont, dit-on, pris deux canons et quatre quintaux de poudre. Nous tâcherons demain matin de les leur faire restituer, si toutefois la colonne de Mauvoisin peut me joindre ; dans tous les cas vous en serés instruit.

Nous avons fait replanter à Montfort l'arbre de la liberté ; les cris de *Vive la République !* ont été répétés par nos troupes et par les habitants. Etaient-ils de bonne foi ? Je ne le crois pas. Nous avons en otage environ quatre ou cinq chefs et autant de ceux qu'on a désignés. Je les ferai filler sur Auch lorque je le pourrai.

Salut et fraternité. PETIT-PRESSIGNY (1).

La révolte, pendant ce temps, se développait à Lombez. Petit-Pressigny adresse la proclamation suivante (2) aux habitants de la région :

L'adjudant-général Petit, aux Citoyens qui ne participent que par égarement à la rébellion dans les cantons de Lombez, Samatan et Gimont.

CITOYENS,

Des ci-devant Seigneurs ont osé lever l'étendard de la guerre civile ; et vous, intéressés à ne jamais reprendre le joug des Seigneurs, vous ne suivez sans doute cet étendard que parce que vous cédez à la force et à la crainte.

Ah ! vous ne savez pas quelles horreurs cette guerre traîne

(1) Archives départementales du Gers, L 379.
(2) Archives départementales du Gers, L 379.

après elle, ni combien il est coupable et dangereux de braver la puissance nationale !

Tandis que, du chef-lieu du département, j'accours à la tête d'une colonne d'infanterie et de cavalerie, dont chaque instant va augmenter le nombre, la force et les moyens, un général de brigade part de Toulouse, fort de tous les foudres de la guerre et de ses talens militaires ; une colonne de républicains s'ébranle, et part du midi du département, et vous allez être cernés de toutes parts.

Profitez de l'instant qui vous reste encore : la loi pardonne au repentir, et le reconnoît à la remise que vous me ferez de vos armes et à votre retour sur vos foyers. Plus tard, au lieu d'être à nos yeux des frères égarés, vous ne serez que des ennemis contre lesquels nous devrons impitoyablement déployer toute la rigueur et la force de la loi que vous aurez méprisée.

PETIT, adjudant-général.

Petit-Pressigny, dans une autre lettre, rend compte de la défaite des insurgés à Gimont (1) :

Gimont, le 22 thermidor, an VII de la République française.

L'adjudant-général Petit-Pressigny, aux Administrateurs du département du Gers.

Citoyens Administrateurs,

Je suis arrivé à cinq heures du matin ; j'ai appris avec la plus grande satisfaction que les insurgés s'étaient présentés hier vers cinq heures du soir et que les patriotes réunis à Gimont des différantes communes, au nombre d'environ trois cents, avaient fait mordre la poussière à une vingtaine de ces malheureux. On présume que le nombre des blessés est consi-

(1) Arch. dép. du Gers, L 379.

dérable. L'on a fait plus de vingt prisonniers, dont quelques-uns sont morts de leurs blessures.

Je fais mes dispositions pour poursuivre et détruire ces brigands ; les républicains accourent en foule et paroissent pénétrés de la meilleure volonté. J'espère vous annoncer de nouveaux succès.

Les braves habitans de Gimont et les républicains de Samatan réfugiés se sont montrés dans l'affaire de hier avec le plus grand courage. Le commandant A. Antonin a fait les dispositions les plus sages et n'a pas peu contribué au succès de cette affaire.

Je viens de faire parcourir les lieux où l'action c'est passée afin de faire inhumer les morts ; l'officier que j'ai chargé de cette mission a trouvé encore trois ou quatre moribonds qu'il a fait transporté à l'hôpital de Gimont.

Plusieurs républicains ont donné des preuves du plus grand courage ; je me ferai un vrai plaisir de vous citer leur conduite dans la dépêche plus circonstanciée qu'il me sera possible de vous transmettre.

Songez aux munitions ; c'est cet objet seul qui pourrait nous donner de l'inquiétude ; j'ai pris des mesures pour protéger l'arrivée des pièces venant de Toulouse.

Salut et fraternité.

Petit-Pressigny.

P. S. — Faites partir sur le champ pour Gimont les dix canoniers disponibles à Auch, qui serviront les deux pièces de canon que j'envois chercher par un détachement de cent hommes, où je présume qu'elles seront rendues dans la journée.

La guerre continue dans la région de Samatan, Lombez et l'Isle-Jourdain. Les insurgés échappent à Petit-Pressigny (1).

(1) Arch. dép. du Gers, L 379.

A Gimont, le 22 thermidor, 7 heures du soir.

L'adjudant-général commandant la force armée dans le département du Gers, aux Administrateurs du département du Gers.

CITOYENS ADMINISTRATEURS,

Par ma dépêche de ce matin, je vous ai annoncé le mouvement que je projetais sur Samatan et Lombès. Les troupes que j'avés conduit d'Auch et celles réunies à Gimont formaient la colonne sous mes ordres ; d'après les mesures que j'avés prescrit, les patriotes de Saramon et Simorre avaient ordre de se diriger sur les hauteurs méridionales de Lombès ; tout semblait devoir m'assurer des succès, si les brigands eussent voulu nous attendre ; mais, instruits de notre approche, ils ont abandonné les contrées pour se porter sur l'Isle-Jourdain. Les patriotes de Samatan et Lombès se sont réunis aux colonnes venant de Saramon et des cantons circonvoisins. Les républicains, bien disposés à terrasser les insurgés, viennent de recevoir mes ordres pour se diriger dans la nuit sur les hauteurs sud-est de l'Isle-Jourdain. Je marche avec toutes les forces qui se trouvent ici par la grande route de Toulouse, nous serons rendus aux points indiqués vers les quatre heures du matin. Je ne perdrai pas un instant pour attaquer la ville. Si j'en croiais certains rapports, les insurgés seraient au nombre de trois mille ! Mais le courage triomphera du nombre, je l'espère.

Quelques insurgés se sont également portés sur Meauvesin, profitant de l'absence des patriotes qui, réunis aux braves de Gimont, ont donné des preuves de courage dans la journée de hier ; mais si nous obtenons du succès à l'Isle, bientôt nous vengerons les patriotes de Mauvesin.

De la poudre et des balles coupées ; si le feu dure quelques tems, à la première action nous serons très dépourvus. Les hommes qui nous arrivent sont sans cartouches et mal armés.

Salut et fraternité.   PETIT-PRESSIGNY.

P. S. — Il partira demain à quatre heures du matin un détachement de trente hommes et quatre cavaliers conduisant les prisonniers faits dans la journée de hier. Le commissaire du pouvoir exécutif en donnera le nombre au détachement en le lui confiant.

L'administration du département du Gers répondit, le 23 thermidor, à l'adjudant-général, qu'on allait lui envoyer des cartouches et qu'on le priait de maintenir les communications avec Toulouse, par où arrivait le courrier de Paris (1).

L'expédition contre l'Isle-Jourdain ne produisit pas d'abord tous les résultats désirés ; Petit-Pressigny en rend ainsi compte (2).

Gimont, le 24 thermidor, 11 heures du matin.

Petit-Pressigny, adjudant-général commandant dans le département du Gers, aux Administrateurs du département.

Notre affaire d'hier, dirigée sur l'Isle-Jourdain, n'a pas eu tout l'effet qu'on avoit lieu d'en attendre ; cependant elle n'a pas laissé que de tuer aux insurgés quatre-vingt-dix hommes et beaucoup de blessés. Le commandant de la place, d'accord avec moi, vous en a donné hier les détails.

Les troupes, aux ordres du lieutenant Lamaguerre, sont parties ce matin, d'après les réclamations qui lui ont été faites par le département de la Haute-Garonne. Nous sommes assés forts ici pour terrasser les brigands. Je travaille dans ce moment à organiser ma petite armée. Cet objet est des plus utiles pour ses succès. Je suis bien fatigué, mais j'en serais

(1) Arch. dép. du Gers, L 379.
(2) Arch. dép. du Gers, L 379.

bien récompensé quant les insurgés seront détruits. Deux jeunes gens que j'avois donné ordre d'arrêter comme espions des brigands sont échapés aux poursuites que j'en ai fait étant près de la route de Auch. Faites des recherches pour les faire arrêter, l'un s'appelle Saint-Antonin et l'autre Mansas ; ils pourroient nous être de grande conséquence.

Demain je me dirige sur Montvesin et Florence pour délivrer, s'il est possible, ces communes d'insurgés. J'ai entendu une fusillade ce matin venant de l'Isle-Jourdain ; j'ignore de qui elle vient, mais le bruit court baucoup que cette commune nous est renduë par les Toulousains. Je n'ai pu jusqu'ici communiquer avec le général Aubugeois, à Toulouse, ny avec le général Commes, à Perpignan. Ecrivez-leur, je vous prie, mes nouvelles opérations et l'interception des routes pour cette commune. Je vous instruirai de ce qui se sera passé demain.

Salut et fraternité. PETIT-PRESSIGNY.

P. S. Surtout ne perdez pas de temps pour envoyer beaucoup de farine et de pain, et ce le plus promptement possible.

Petit-Pressigny ne se trompait pas ; l'Isle-Jourdain était prise par le général Aubugeois (1) :

ÉGALITÉ, FRATERNITÉ.

Gimont, le 24 thermidor an VII.

L'adjudant-général Petit-Pressigny, à l'Administration centrale du Gers.

Vive la République ! Citoyens administrateurs, l'Isle-Jourdain est au pouvoir des républicains ; le règne des brigands n'a pas duré longtemps. Le général Aubugeois, venant au secours du département avec une nombreuse colonne et du canon, en a fait une horrible boucherie : plus de quatre cents

(1) Arch. dép. du Gers, L. 379.

ont mordu la poussière ; nous n'avons perdu personne ; nous avons au contraire retrouvé des frères qu'ils allaient impitoyablement égorger ; leur suplice était prêt ; mais la terreur qu'imprime l'approche des républicains l'a fait suspendre. Et Fonblanc et Rechou, que l'on croyait morts, sont vivants ; il en est de même de deux gendarmes.

Guerre éternelle aux brigands !

Salut et fraternité. PETIT-PRESSIGNY.

Comme il en avait l'intention, Petit-Pressigny se résout à marcher sur Fleurance et Mauvezin, car la prise de cette ville inquiétait son flanc gauche. Il confie le commandement de la place de Gimont au citoyen Daubas, de Jegun (1).

Le 25 thermidor il adresse aux administrateurs du département du Gers un projet d'attaque contre Mauvezin et Fleurance, dans lequel il donne divers détails sur l'état de ses troupes (2).

Il annonce, le 27 thermidor, la prise du chef des insurgés, Belloc de Laurac (3).

ÉGALITÉ, LIBERTÉ.

Au quartier général, à Gimont, le 27 thermidor an VII de la République française.

*L'adjudant-général commandant la force armée,
à l'Administration centrale du Gers.*

Vive la République ! Citoyens administrateurs, celui qui commandait les insurgés à l'affaire de Gimont, Belloc de Laurac, ancien militaire, un des principaux chefs, a été arrêté

(1) Lettre du 23 thermidor an VII. Arch. dép. du Gers, L 379.
(2) Arch. dép. du Gers, L 379.
(3) Arch. dép. du Gers, L 379.

dans la commune de Saramon, où il cherchoit à soulever les habitans paisibles.

Cette prise et quelques autres déjà faites sont du meilleur augure pour le rétablissement de la tranquillité du département. Cette nouvelle a tellement porté la joye dans tous les cœurs que beaucoup d'habitans des campagnes rentrent chez eux. La commune de Juilles, composée de soixante-dix hommes, qui n'avait jusqu'ici répondu à aucune proclamation, est arrivée hier au camp de Gimont ; je ne leur ai pas laissé ignorer combien j'étois fâché de leur indifférence pour la chose publique ; mais je les ai reçus en leur promettant protection, et ils ont tous crié avec nous : Vive la République !

Que ne puis-je rendre les citoyens d'Auch témoins de l'intelligence, des mœurs, du zèle républicain, de la discipline et de l'ordre qui règnent dans la force armée que j'ai l'honneur de commander depuis son organisation : elle ne demande qu'à marcher en avant. Pour contenir son impatience, je l'ai passée hier en revue et ai fait la proclamation dont je vous envoie copie.

Cet accord parfait parmi les patriotes réunis au camp et dans les communes environnantes nous présage la prompte destruction des rebelles. Je leur ai déjà témoigné ma gratitude et vous invite à la faire connaître ostensiblement à la commune d'Auch.

Salut et fraternité. PETIT-PRESSIGNY.

P. S. — Beaucoup de communes me demandent des exemplaires de la proclamation par moi faite à l'égard des conscrits et des réquisitionnaires ; elle paraît produire le meilleur effet.

Le commandant Mousquières et les citoyens d'Auch paroissent désirer d'avoir leurs drapaux ; de mon côté je le désirerois ; c'est un signe apparent de raliment qui ne peut que favoriser le succès de nos armes.

Ils verroient aussi arriver avec plaisir la musique. Vous prendriez du plaisir à voir la disposition du camp, l'air militaire de vos frères d'armes, dans lesquels brillent l'amour de combattre.

Voici le texte de la proclamation adressée par Petit-Pressigny à ses frères d'armes du camp de Gimont (1) :

Au camp, près Gimont, le 26 thermidor an VII de la République.

L'adjudant-général commandant la force armée,
à ses frères d'armes.

Mes camarades, à la nouvelle de la réunion de quelques scélérats insurgés pour le rétablissement d'un Roy, vôtre cri unanime a été : *Aux armes !* à ce cri vous avés joint l'effet ; vous avés offert vos services à vos magistrats pour marcher contre les brigands : des armes vous ont été procurées et déjà vous avés fait sur eux l'essai de votre courrage ; un très grand nombre a perdu la vie ; nous n'avons à pleurer la perte d'aucun de nos frères d'armes ; on dirait que la mort respecte les républicains ; car deux d'entre vous laissés pour mort sur le champ de bataille ont reparu le lendemain presque sains et saufs au milieu de vous.

Mes camarades, je lis dans vos yeux que vous vous plaignés de notre inaction ; rassurez-vous ; elle peut être apparente, mais elle n'existe pas ; si des motifs impérieux forcent de suspendre toute opération, vos chefs sauront profitter des circonstances pour préparer dans le silence les moyens de la rendre décisive ; en attendant je me plais à entendre ce cri par tout répété : *Que faisons-nous ici ? Pourquoi ne pas les poursuivre sans relache ? Pourquoi ne pas les anéantir.*

Mes camarades, je le vois, vous êtes impatiens d'avoir purgé le sol du département des brigands qui esperoient troubler vôtre tranquilité en provoquant l'horrible fléau de la guerre civile ; je partage vôtre impatience ; vous pouvés le croire ; mais chargé de l'honneur de vous commander, je dois la diriger ; il ne faut jamais compromettre le succès lorsqu'on est sur de l'enchaîner ; il faut marcher contre les brigands ;

(1) Arch. dép. du Gers, L 379.

mais une seule fois doit suffire : que notre marche soit terrible pour eux ; qu'ils soient exterminés entièrement ; voilà mes désirs, mes camarades ; je ferai tout ce que je pourrai pour y parvenir.

Maintenant qu'une bonne organisation vous a fait connoître vos chefs, ayez, mes camarades, de la confiance en eux, de la patience ; étouffés momentanément le cri de la nature, le besoin impérieux, qui peuvent vous rappeller dans vos familles ; n'écoutés que la voix de la patrie. Conduits par elle, vous serés toujours vainqueurs. Avant longtemps, j'ose du moins l'espérer, j'aurai le plaisir de vous voir rentrer dans vos familles, et vous y rentrerés pour y jouir à jamais de la paix et de la tranquillité.

PETIT-PRESSIGNY.

Le 29 thermidor il annonce à l'administration centrale l'envoi de rebelles prisonniers (1) :

ÉGALITÉ, LIBERTÉ.

Au quartier général à Gimont, le 20 thermidor an VII
de la République française.

L'adjudant-général commandant la force armée,
à l'Administration centrale.

Le détachement que vous m'avez envoyé aujourd'huy, citoyens Administrateurs, est chargé de vous ramener le fameux Belloc de Laurac, Sambussy, seigneur de Giscaro, et cinq autres brigands qui furent amenés de Samatan avec Belloc. J'espérois bien vous envoyer aussi Lasserre, arrêté à Samatan et qu'on devoit mener ce jour ; il n'est point arrivé. Ce qui en est sans doute cause, c'est la bonne intention que le commissaire du Directoire a d'y joindre trois autres chefs résidents dans les parages et qu'il comptait faire arrêter

(1) Arch. dép. du Gers, L 379.

la nuit précédente. Malgré ce retard je ne désespère pas de leur arrestation.

Salut et fraternité.   PETIT-PRESSIGNY.

Le 1ᵉʳ fructidor il est à Fleurance, et de son camp écrit aux administrateurs du Gers quelles sont ses intentions pour l'avenir (1) :

ÉGALITÉ, LIBERTÉ.

Au quartier général à Fleurance, le 1ᵉʳ fructidor, à 2 h. 1/2 du matin, an VII de la République française.

L'adjudant-général Petit-Pressigny, commandant en chef la force armée du département du Gers, à l'Administration centrale de ce département.

Les bruits incertains qui m'étaient parvenus, citoyens Administrateurs, sur l'occupation de Beaumont par les brigands n'avoient rien changé à mes dispositions, ne voulant pas m'hasarder à une fausse démarche. Mais dans le moment que mes doutes sont éclairés par la lettre que je reçois du général Vidalot, dont je vous fais passer copie, je vais porter toutes mes forces avec rapidité sur les points que j'avais projetté d'attaqué d'abord pour m'assurer qu'il en reste aucun noyeau de brigands dans la partie du département qu'ils ont si long-temps occupée ; et ensuite, sans perdre un seul instant, je vais déployer ma colonne en portant ma droite sur le département de la Haute-Garonne, après m'être assuré qu'il ne pourrait plus se porter du côté de l'Isle et ma gauche sur Saint-Clar, afin de pouvoir agir de concert avec le général qui commande dans le Lot-et-Garonne.

Je vous rendrai compte aussitôt mes premières opérations des mesures que j'aurai prises pour attaquer vigoureusement les brigands et les anéantir.

Salut et fraternité.   PETIT-PRESSIGNY.

(1) Arch. dép. du Gers, L 319.

Le 2 fructidor il écrit de Monfort que des insurgés ont évacué Beaumont (1).

Nous nous arrêtons à ce point de la correspondance de Petit-Pressigny, car dans la suite il n'est plus question du Gers.

Ces lettres, écrites au jour le jour, avec une simplicité rare pour l'époque, sont précieuses pour l'étude des troubles de l'an VII dans le Gers. Les documents sont nombreux aux Archives de ce département concernant cette époque, et ils mériteraient de tenter un érudit. Leur publication éclairerait d'un nouveau jour les diverses phases d'une insurrection qui aurait pu devenir une seconde Vendée, sans toutefois en avoir jamais l'éclat ni la grandeur.

(1) Arch. dép. du Gers, L 379.

(Tiré à 50 exemplaires.)

Auch. — Imprimerie LÉONCE COCHARAUX rue de Lorraine.

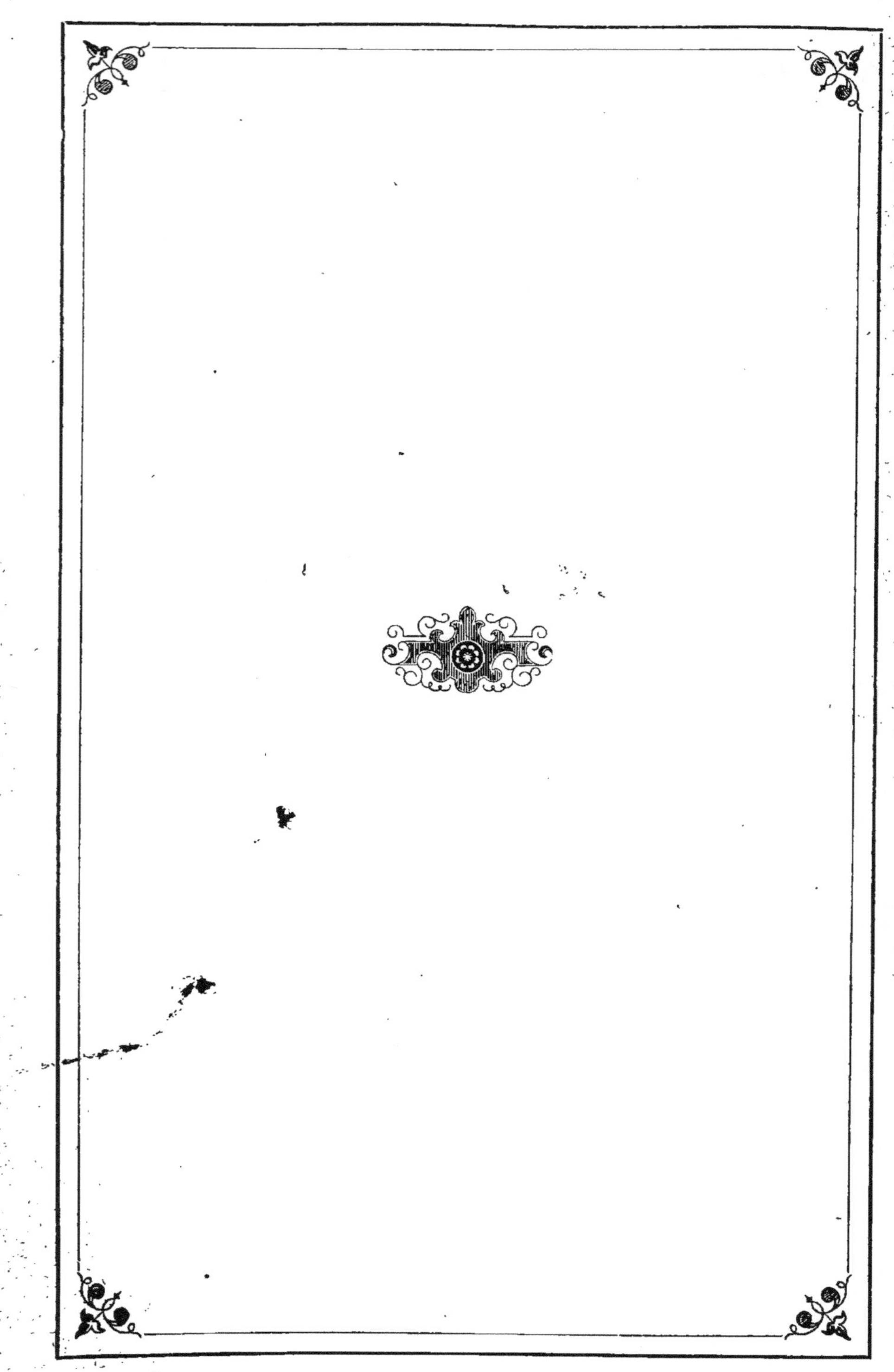